VENTE

Du Mercredi 29 Avril 1914

HOTEL DROUOT, SALLE N° 10

A DEUX HEURES

Faïences et Porcelaines

ANCIENNES

COMMISSAIRE-PRISEUR

Mᵉ F. LAIR-DUBREUIL

EXPERTS

MM. PAULME & B. LASQUIN Fils

CATALOGUE

DES

Faïences Anciennes

DES FABRIQUES

D'ALCORA, AVIGNON, DELFT, HISPANO-MAURESQUE

MARSEILLE, NEVERS, ROUEN, STRASBOURG, SAVONE, VARAGES

VENISE, ETC.

60 Pièces en Faïence de Moustiers

ET NOMBREUSES FAÏENCES DIVERSES

PORCELAINES ANCIENNES

de la Chine, Compagnie des Indes, Japon
Chantilly, Boissette, Paris, Naples, Sèvres, Vincennes
Saxe, Vienne. etc.

DONT LA VENTE AUX ENCHÈRES PUBLIQUES AURA LIEU

HOTEL DROUOT, SALLE N° 10

LE MERCREDI 29 AVRIL 1914

A deux heures

COMMISSAIRE-PRISEUR	EXPERTS
M⁰ F. LAIR-DUBREUIL	MM. PAULME & B. LASQUIN Fils
6, rue Favart	10, rue Chauchat — 11, rue de la Grange-Batelière

PARIS

EXPOSITION PUBLIQUE

Le Mardi 28 Avril 1914, Salle N° 10, de 1 h. 1/2 à 6 heures

CONDITIONS DE LA VENTE

Elle sera faite au comptant.

Les adjudicataires paieront *dix pour cent* en sus des enchères.

Paris. — Imp. de l'Art, Ch. Berger, 41, rue de la Victoire.

DÉSIGNATION

PORCELAINES DE LA CHINE

DE LA

COMPAGNIE DES INDES ET DU JAPON

1 — Deux tasses et deux soucoupes, une chope et un pot à lait en ancienne porcelaine de Chine et de la Compagnie des Indes, décors variés en émaux de couleur.

2 — Deux plats, cinq assiettes et un compotier en porcelaine du Japon et de la Compagnie des Indes, décors variés.

3 — Service tête-à-tête en porcelaine décorée, genre Chine, comprenant théière, sucrier, pot à crème et deux tasses.

4 — Soupière ovale, avec couvercle et plat, en ancienne porcelaine de la Compagnie des Indes, décor de bouquets et guirlandes de fleurs en couleur et dorure.

5 — Soupière ronde, avec couvercle, en ancienne porcelaine de la Compagnie des Indes, décor de bouquets et guirlandes de fleurs en camaïeu rose.

6 — Petit bassin d'aiguière ovale et godronné, et trois assiettes en ancienne porcelaine de Chine, décor de fleurs en émaux de couleur. Époque Kang-hi.

7 — Sept assiettes et deux plats en ancienne porcelaine de Chine, décors variés en émaux de couleur.

8 à 12 — Cent vingt-neuf assiettes en ancienne porcelaine de la Compagnie des Indes, plates ou creuses, rondes ou polygonales, à décors variés et polychromes. (Seront vendues par séries.)

13 — Trois bouteilles en porcelaine de Chine, décor bleu.

14 — Deux tonnelets en porcelaine de Chine, décor bleu sur fond céladon.

15 — Petit plateau trilobé en ancienne porcelaine du Japon, décor bleu, rouge et or.

16 — Deux plats creux en porcelaine de Chine, décorés en couleur.

17 — Deux pots couverts et deux tasses en ancienne porcelaine de Chine, décor à fleurs sur fond capucin.

18 — Petite théière, couvercle et présentoir en ancienne porcelaine de Chine, décor en couleur.

19 — Six compotiers en ancienne porcelaine de la Compagnie des Indes, décors variés en couleur.

20 — Deux compotiers en ancienne porcelaine du Japon, décor en bleu, rouge et or, et deux assiettes montées en bronze.

21 — Sept tasses et sept soucoupes en ancienne porcelaine de Chine et Japon, décor bleu et capucin.

22 — Tasse et soucoupe en ancienne porcelaine de Chine, décor intérieur bleu, extérieur en couleur sur fond brun clair.

23 — Cinq plats, de grandeurs et décors variés, en ancienne porcelaine du Japon, décorés en bleu, rouge et or.

24 — Coupe en ancienne porcelaine de Chine, décor de paysages et personnages, montée en bronze.

25 — Deux vases, forme ovoïde, en ancienne porcelaine de Chine, décor bleu ; ils sont munis de couvercles variés.

26 — Deux petits vases-cornets en ancienne porcelaine de Chine : coqs et fleurs en couleur ;
monture en bronze.

27 — Cinq plats ronds ou ovales, de grandeurs et
décors variés, en ancienne porcelaine de la Compagnie des Indes, décor en couleur et dorure.

28 — Grand bol en ancienne porcelaine de la Compagnie des Indes, entièrement décoré de vola-
tiles et fleurs en couleur et dorure.

29 — Soupière ovale à deux oreilles et son couvercle
en ancienne porcelaine de la Compagnie des
Indes, décoré de fleurs et paons en couleur et
dorure.

30 — Petite soupière en même porcelaine, décor de
fleur en couleur et or, et un couvercle en
même porcelaine surmonté d'un fruit.

31 — Deux saucières, cinq salières, deux présen-
toirs ovales et une soucoupe en ancienne porcelaine de la Compagnie des Indes, décor de
fleurs variées. (Pourront être divisées.)

32 — Deux petits sucriers ovales, à deux anses-
mascarons et couvercles, en ancienne porcelaine
de la Compagnie des Indes, décor de fleurs en
couleur et or.

33 — Potiche couverte et vases, forme boule, en
porcelaine du Japon, décor en couleur et en
bleu.

34 — Deux petites tasses avec soucoupes à bords
festonnés en ancienne porcelaine de Chine,
décorées en couleurs de branches de fleurs et
petites bordures.

35 — Plat en ancienne porcelaine de Chine, décoré
en émaux de couleur; au centre : fleurs, feuilles
et ustensiles. Bordure ornée de huit réserves :
fleurs et attributs.

36 — Dix plats ronds ou polygonaux, en ancienne
porcelaine du Japon, décorés en bleu.

37 — Deux petits cornets, une petite potiche, une
théière, trois tasses en ancienne porcelaine du
Japon, décor en couleur.

38 — Théière en terre de Boccaro; une boîte, décor
bleu, porcelaine de Chine; petit vase et petite
coupe, décorés en couleur.

PORCELAINES EUROPÉENNES

39 — Petit vase à deux anses en porcelaine décorée, en relief, de fleurs en couleur, et un pot à lait en porcelaine fond gros bleu et réserves de fleurs.

40 — Moutardier sur plateau adhérent en ancienne porcelaine de Boissette, décor de fleurs.

41 — Petit poêlon couvert en ancienne porcelaine de Paris, décor de fleurs.

42 — Six tasses avec leurs soucoupes, un encrier et un sucrier en porcelaine de Paris, décor en dorure et couleur. Commencement du XIXe siècle.

43 — Six tasses droites et leurs soucoupes en porcelaine de Limoges, Locré et autres, décors variés.

44 — Pot à crème en porcelaine dure de Sèvres et une tasse et sa soucoupe en porcelaine genre Sèvres, décor de guirlande de fleurs et oiseau.

45 — Bouillon couvert avec présentoir et une corbeille en ancienne porcelaine de Paris, décoré en dorure et de fleurs en couleur.

46 — Un sucrier couvert, trois tasses et leurs soucoupes en porcelaine de *Jacob Petit*, décor de fleurs en couleur.

47 — Quatre sucriers et deux légumiers, tasse à anse en porcelaine de Saxe-Marcolini, décor couleur et dorure.

48 — Flambeau en porcelaine de Saxe-Marcolini, décor de fleurs et ornements dorés simulant le bronze.

49 — Petite théière et pot à lait, une très grande tasse, un sucrier et deux assiettes en porcelaine de Saxe, décors variés en couleur.

50 — Deux petits pots ovoïdes couverts, à deux anses et quatre pieds, en porcelaine anglaise, décor de réserves à paysage maritime et dorure.

51 — Statuette d'homme tenant une épée et un bouclier en porcelaine blanche de Naples, et un sucrier couvert, décor en couleur et dorure, en ancienne porcelaine de Naples.

52 — Vase, de forme balustre et godronné, à deux anses formées de rocailles et feuillages, en ancienne porcelaine de Chantilly, décoré de fleurs en couleur ; base et bord du col à hachures vert d'eau.

53 — Saucière, de forme mouvementée, à une anse
formée de roseaux enrubannés, bord et base à
rocaille en relief, en ancienne porcelaine tendre
de Vincennes, décor de bouquets de fleurs en
couleur. (Coup de feu.)

54 — Aiguière et son bassin en ancienne porcelaine
de Vienne, décor en dorure et fleurs en couleur.

55 — Deux groupes en ancienne terre de Cyfflé :
Sujets pastoraux.

FAÏENCES FRANÇAISE
ET DIVERSES

56 — Trois vases pots-pourris, avec couvercles, en
ancienne faïence décorée de fleurs.

57 — Deux petits cache-pot à deux anses en ancienne faïence lorraine, à décor de fleurs.

58 — Dix-neuf assiettes en faïences diverses, décorées.

59 — Quatorze assiettes en ancienne faïence de
Lorraine et deux plats en faïence moderne.

60 — Écuelle couverte et bouquetière en faïence du
Midi, décor polychrome : paysages et fleurs, et
deux pieds-griffes en ancienne faïence.

61 — Plateau rond en ancienne faïence, décor bleu ;
armoirie au centre et bord à lambrequins.

62 — Bouquetière, de forme rectangulaire, en ancienne faïence, décor de feuillages et médaillon
en relief avec chiffre et attributs de l'Amour.

63 — Fontaine, en forme de vase ovoïde, avec couvercle et piédouche, en faïence décorée en couleur de palmes, lambrequin et draperie en relief
et d'un sujet à trois personnages.

64 — Très grande fontaine ayant la forme d'un
vase cylindrique à piédouche, à anses, orne-
mentée de statuettes d'enfant en faïence, décorée
en bleu d'un sujet de chasse au renard, lambrequins et feuillages ; bassin de forme demi-
circulaire également décoré d'un sujet de
chasse au cerf.

65 — Deux plats creux en terre d'Avignon émaillée
sur fond brun de fleurs en couleurs.

66 — Petite soupière ovale en ancienne faïence
blanche, décor de feuillages en relief, un pot à
crème et une théière en terre de pipe, décor en
relief, et deux tasses et soucoupes en ancienne
faïence d'Avignon.

67 — Bouquetière, de forme mouvementée à
rocailles, en ancienne faïence de l'Est, décorée
de petites fleurs en camaïeu bleu.

68 — Pichet, à grosse panse et petit goulot, en ancienne faïence décorée en couleur de feuillages et d'un perroquet avec l'inscription : *Martin Santos.*

69 — Sucrier à poudre, de forme ovale, en faïence de Marseille, et une tasse droite en ancienne faïence de Marseille, décor de fleurs en couleur.

70 — Plat long e creux, à bord contourné, en ancienne faïence de Marseille, décor à bouquets de fleurs en couleurs.

71 — Quatre assiettes en ancienne faïence de Marseille, décor de Chinois et fleurs en camaïeu vert.

72 — Bouquetière, pichet et bassin, en ancienne faïence de Montpellier, à décor de bouquet de fleurs sur fond jaune.

73 — Bouquetière en ancienne faïence du Midi, décorée de festons de fleurs : pensées, et anses-mascarons.

74 — Trois bassins d'aiguière, de forme ovale et godronnée, en ancienne faïence de Moustiers, décors grotesques à figures et oiseaux, d'après CALLOT, en camaïeu jaune et vert.

75 — Trois encriers carrés et un porte-huilier en ancienne faïence de Moustiers et du Midi, décors variés en couleur.

76 — Petit cache-pot en ancienne faïence de Moustiers, décors de guirlandes de fleurs en camaïeu jaune.

77 — Plat long, à bord contourné, en ancienne faïence de Moustiers, décor de grotesques, d'après Callot, en camaïeu vert et jaune.

78 — Paire de vases brûle-parfums et une grande jardinière ovale en faïence décorée en couleurs. Genre Moustiers.

79 — Deux très grands plats ronds et creux, et petit plat long, en faïence genre Moustiers, décor de grotesques et feuillages en manganèse.

80 — Quatre plats, deux longs et deux ronds, à bord contourné, en ancienne faïence de Moustiers et genre Moustiers, décors variés : bouquets de fleurs au centre, et petits lambrequins au marli.

81 — Aiguière et son bassin, de forme mouvementée et godronnée, en faïence genre Moustiers, décor de médaillon à paysage en camaïeu bleu, avec encadrement à rocailles et fleurs en camaïeu jaune.

82 — Aiguière et son bassin, de forme ovale et contournée, en ancienne faïence de Moustiers, décor en couleur d'arbustes et oiseaux, et cartouches à rocailles.

83 — Six assiettes en ancienne faïence de Moustiers, décor grotesque en camaïeu vert.

84 — Neuf assiettes, dont cinq en ancienne faïence de Moustiers, décors variés en bleu et couleurs à bouquets de fleurs, armoirie et réserve à figure de Narcisse.

85 — Trois plats longs en ancienne faïence de Moustiers, un à décor de Bérain en bleu, deux à décor de fleurettes bleues.

86 — Plat rond et creux en ancienne faïence de Moustiers, décor de fleurs en manganèse.

87 — Légumier rond couvert en ancienne faïence de Moustiers, à décor de bouquets de fleurs en couleurs.

88 — Bouquetière, à bord festonné, en ancienne faïence de Moustiers, décor à grotesques et feuillages en camaïeu vert.

89 — Deux grands plats longs et deux ronds en ancienne faïence de Moustiers, décor en bleu; au centre, bouquets de fleurs ; au marli, petit lambrequin.

90 — Deux plats longs, à bord contourné, en ancienne faïence de Moustiers, décor de bouquets de fleurs en camaïeu jaune.

91 — Trois plats longs, à bords contournés, en ancienne faïence de Moustiers, à décors de grotesques, d'après Callot, en camaïeu vert.

92 — Ecuelle couverte à deux anses et présentoir en ancienne faïence de Moustiers, décor d'arbustes et oiseaux en couleurs.

93 — Trois porte-huiliers, de forme et décors variés, en couleur, en ancienne faïence de Moustiers.

94 — Cache-pot, de forme cylindrique, à anses-mascarons : tête d'homme, en ancienne faïence de Moustiers, décor de festons de fleurs en camaïeu jaune.

95 — Légumier, de forme ovale et contournée, avec couvercle, en ancienne faïence de Moustiers, décor de bouquets de fleurs en camaïeu jaune.

96 — Grand et beau plat, de forme ovale, en ancienne faïence de Moustiers, décor bleu, d'après Bérain : motif à portiques, arabesques, draperie, lambrequins et figures mythologiques.

97 — Sept assiettes et deux grands saladiers, un grand plat rond, un compotier et un plat long en faïence de Nevers et autres, décors patriotiques, fleurs et paysage.

98 — Plateau carré et neuf pots à crème avec couvercles, et une tasse et sa soucoupe, en ancienne faïence blanche, décorée de filets bleus.

99 — Trois assiettes, une tasse et sa soucoupe, en ancienne faïence de Strasbourg, décor de Chinois et fleurs en couleur, et un plat en faïence genre Strasbourg.

100 — Cruche en ancienne faïence de Rouen, avec inscription : *Jean Bidarel.*

101 — Petit pot à lait, à une anse formée d'un cep de vigne, en ancienne faïence fine de Strasbourg, décor en couleurs à paysage maritime.

FAÏENCES ÉTRANGÈRES

102 — Plat rond en ancienne faïence allemande, décor en couleurs ; inscription entre deux palmes.

103 — Deux tasses et leurs soucoupes en ancienne faïence d'Alcora, décor de bouquets de fleurs en couleur.

104 — Six assiettes en ancienne faïence de Delft, décors variés en couleur et en bleu, et un petit vase-cornet en faïence genre Delft.

105 — Petite plaque rectangulaire en faïence genre
Delft, décoré, en relief et couleur, de la Sainte
Vierge portant l'Enfant Jésus; encadrement à
fleurs et coquilles.

106 — Cinq plats ronds en ancienne faïence de Delft,
décors variés polychromes.

107 — Trois plats ronds en ancienne faïence de
Delft, décorés en bleu, l'un dans le goût chinois,
l'autre de feuillages et grappes de raisins.

108 — Plat creux en ancienne faïence de Delft, décor
en plein, dit aux cœurs, en couleurs.

109 — Deux plats ronds en ancienne faïence de
Delft, décor à petites fleurs et feuillages en bleu,
rouge et vert.

110 — Plat en ancienne faïence hispano-mauresque,
décoré au centre d'une fleur bleue sur fond de
rinceaux. Cadre en bois noir.

111 — Plat rond à ombilic en ancienne faïence hispano-mauresque, décoré de deux fleurs bleues
sur fond de feuillages, fruits et animaux.

112 — Très grand plat rond en faïence italienne,
décoré en plein et en couleur d'un sujet à
nombreux personnages : Triomphe d'empereur
romain.

113 — Plat rond en faïence italienne, décoré d'une figure de jeune femme portant une corbeille de fruits.

114 — Veilleuse en ancienne faïence du Midi, décorée de branches de fleurs et fontaine.

115 — Pot ovoïde en ancienne faïence de Venise, décors à bustes d'hommes dans des médaillons sur fond de feuillages.

116 — Cornet en faïence italienne, décor de buste d'homme et rinceaux.

117 — Bas-relief en faïence italienne, décor polychrome et en relief, représentant la Crucifixion. Cadre en bois sculpté.

118 — Assiette creuse et un couvercle de soupière en ancienne faïence de Milan, décor polychrome, dans le goût japonais.

119 — Grand plat rond en faïence italienne, décoré au centre d'un lion, et bordure à rinceaux de feuillages en jaune et vert. Cadre en bois sculpté et partiellement doré.

120 — Coupe ronde couverte avec présentoir, une salière triangulaire et une petite potiche en ancienne faïence italienne.

121 — Plat rond en faïence de Varages, décor en couleur, canard, arbuste et oiseaux.

122 — Cornet en ancienne faïence italienne, à décor d'armoirie avec deux amours en bleu, jaune et vert. Datée: *1742*.

123 — Quatre coupes rondes godronnées et deux compotiers à piédouche en faïences italiennes, Savone et autres, décors variés en bleu et couleur.

124 — Brûle-parfum en céramique japonaise, décor de feuillage en bleu, vert et or, et un bol en faïence de Satsuma.

125 — Deux grands oiseaux posés sur un rocher en grès partiellement émaillé du Japon.